Assimilation

De la même auteure

Allah est grand, la République aussi, JC Lattès, 2014.
 # Je suis Marianne, Grasset, 2016.
Ça n'a rien à voir avec l'islam ?, Plon, 2017.
Le Suicide féministe, Éditions de l'Observatoire, 2018.

Lydia Guirous

Assimilation

En finir avec ce tabou français

Éditions de
L'Observatoire

ISBN : 979-10-329-1470-0
Dépôt légal : 2021, février

170 *bis*, boulevard du Montparnasse, 75014 Paris

« Si tu es à Rome, vis comme les Romains,
si tu es ailleurs, vis comme on y vit. »

Introduction

« Je suis fière d'être française. » À peine cette phrase prononcée, les regards deviennent suspicieux, culpabilisants et immédiatement suivis en retour du fameux : « Mais tu oublies tes origines. » Qu'aurais-je oublié ? Pourquoi est-ce si difficile pour les personnes issues de l'immigration de se considérer comme totalement et fièrement français ? Et pourquoi est-ce si difficile pour les autres de les voir comme français à part entière ? Pourquoi tant de « oui mais... » ?

Mes origines – ma culture d'origine – sont souvent avancées pour m'opposer le fait que je ne peux déclarer que « je suis fière d'être française ». Ce qui sous-entend qu'il y a des conditions génétiques, des incompatibilités historiques et culturelles qui ne peuvent m'autoriser à me revendiquer comme telle. Mais être français se résume-t-il à une question d'ADN ? À une religion ? À un lieu de naissance ? Peut-on être parfaitement et complétement français quand on est né à l'étranger ? Et comment faire de tous les Français de confession musulmane des Français fiers de leur pays et patriotes... notamment, et surtout, pour ceux nés ici, de parents eux-mêmes nés en France ? Notre défi est désormais de « faire des Français de Français ».

L'échec de l'intégration nous renvoie au délitement de nos liens républicains et à une inéluctable désintégration sociale et sociétale. Le sujet ainsi posé peut sembler provocateur ou excessif, il n'en est rien. Il pose, sans détour, un problème majeur qu'il nous faut résoudre collectivement pour que la France reste la France et que chacun s'y sente à sa place, uni, en toute égalité et patriote.

Les polémiques autour de la question de l'islam et des revendications identitaires des jeunes de confession musulmane sont incessantes et lassantes... Le voile, la burqa, le hijab de running de Decathlon, de Nike, le voilement des petites filles, le burkini l'été... À chaque saison sa provocation, sa polémique, son chantage victimaire, son bal de lâchetés et de fausse fermeté.

Au même moment, l'indigénisme, le racialisme, le décolonialisme, l'intersectionnalité gangrènent les lieux de savoir et d'influence. Infusés dans les esprits, ils diffusent le poison de la haine de notre pays. Ces militants, qui dénoncent le racisme, ne pensent paradoxalement que par le prisme de la race. L'essentialisme essentialise tout en dénonçant l'essentialisation des personnes. Absurde, inique, mais redoutablement efficace auprès des plus jeunes et particulièrement ceux issus de « minorités ». Une génération de revanchards, en mal de combats et de sens, semble prête à déconstruire notre histoire, à déboulonner nos statuts et à briser notre République.

Des minorités agissantes importent, depuis les États-Unis, ces concepts porteurs de haine, de rejet de l'autre et de scission. Ils font de ce pays aux incessantes violences raciales un modèle d'égalité et d'« inclusion »... On croit rêver ! Portés par leur haine de la France, leur volonté de vengeance historique, ils sèment méthodiquement de nouveaux germes de division pour attaquer notre République et installer une société du « chacun fait ce qu'il veut », chacun dans sa case avec son étiquette ethnique et religieuse. Ils croient lutter contre les déterminismes en assignant les individus à leur ethnie, à leur couleur, à leur sexe, à leur religion, à leur condition sociale. Ils croient lutter contre le racisme en faisant de la « race » l'élément central de leurs réflexions et de leurs luttes. Ils ne croient pas en l'idéal républicain. Ils ne croient pas en la France de la fraternité, ils la veulent un genou au sol, prête à s'excuser pour tout et à s'exécuter à la moindre injonction délirante. La culture des « droits à » associée à celle de la culpabilisation atteint aujourd'hui son paroxysme.

Le cocktail rancune-rejet-vengeance est redoutable. La convergence des luttes se met en place et devient explosive pour notre pacte républicain lorsqu'elle couvre l'expansion de l'islamisme. Pour les mouvements indigénistes, toutes les dérives de l'islam politique, toutes les violences de l'islamisme mortifère sont justifiables et donc compréhensibles et excusables. Ces liaisons dangereuses, souvent menées par l'extrême gauche ou la « gauche extrémiste » (encore majoritaire dans les rangs du PS), font le jeu de l'islam politique et les placent au rang de « collabos de l'islamisme ». En quête d'un nouveau lumpenprolétariat, ils encouragent les revendications identitaires et culturelles de minorités au sein de la minorité. Ils développent le sentiment d'oppression pour mieux l'exploiter politiquement. Maintenir dans l'indigence intellectuelle cette population est une manière, pour les plus cyniques, de fidéliser une clientèle électorale. Ils gagnent les élections, mais accompagnent la désintégration de la République et détruisent petit à petit la France.

Comme le débat sur la laïcité, il faudra sans doute essuyer des attaques et des caricatures avant que certains ne s'éveillent et comprennent l'urgence de renoncer au flou de l'intégration pour exiger l'assimilation. L'assimilation est un tabou dans le débat public, et un totem que l'on laisse lâchement à l'extrême droite... comme ce fut le cas il y a encore quelques temps avec la laïcité. L'assimilation est un appel au sursaut plutôt qu'à la résignation face à la montée du communautarisme islamique.

Ce livre invite à rompre avec ce tabou qui nous paralyse. Celui de la peur d'assumer une nécessaire assimilation républicaine pour être pleinement français.

L'histoire ne ment pas...

Dans les années 1890, apparaît la notion juridique d'« assimilation » dans les colonies. Pour acquérir la nationalité française, les « indigènes » doivent prouver leur assimilation en respectant les « critères de civilisation » élaborés par l'administration coloniale. Des questions sont posées aux candidats à la naturalisation sur leurs us et coutumes, leurs tenues vestimentaires ainsi que leur mode de vie.

À l'aube de la Première Guerre mondiale, le ministre de la Justice Louis Barthou (1909-1913) fait de l'assimilation une condition d'accès à la naturalisation. Il veut privilégier des éléments susceptibles de se fondre rapidement, dès la deuxième génération. Pour cela, il mise d'abord sur la naissance en France, l'éducation républicaine et la mixité des mariages. Selon lui, avec le temps, les populations issues de l'immigration finiront par ressembler aux « autochtones », jusqu'à se fondre avec eux.

Nous pourrions imaginer que l'assimilation des populations polonaises, russes, italiennes et espagnoles a été un chemin de sérénité. Il n'en fut rien. Ce fut long, violent et chaotique. Pourtant, ils étaient, pour beaucoup, chrétiens et « blancs ». L'historien Gérard Noiriel a raconté l'hostilité des Français à l'égard des Polonais et des Italiens, qu'ils jugeaient inassimilables[1]. La première « chasse à l'immigré », en 1881, à Marseille, dite « Vêpres marseillaises », est l'une des illustrations de ce rejet. Ce fut trois jours de violences anti-italiennes qui ont embrasé Marseille dans un impressionnant déchaînement xénophobe. À l'époque, sur 360 000 habitants, la cité phocéenne comptait 57 900 Italiens, majoritairement des ouvriers venus chercher en France le travail qu'ils ne trouvaient pas dans leur pays en crise. Ce sont des sifflets italiens contre *La Marseillaise*, lors d'un défilé des troupes, qui ont déclenché cette poussée de violence, vécus par les Marseillais comme un manque de loyauté et une insulte à l'égard de la Nation française. Un geste qui rappelle celui des supporters algériens lors du match de football France-Algérie au Stade

1. Gérard Noiriel, *Le Massacre des Italiens. Aigues-Mortes, 17 août 1893*, Fayard, 2010.

de France en 2001... sans que cela, et c'est heureux, déclenche un embrasement xénophobe, démontrant ainsi la maturité de la Nation française.

Il est important de rappeler ces épisodes, car, paradoxalement, ils redonnent espoir. L'assimilation a été possible pour ces populations, bien que longue et difficile, car elle a été une exigence – jusqu'aux années 1980, à partir desquelles le « chacun fait ce qui lui plaît » de l'intégration floue a pris le dessus. Les Polonais ou les Italiens ont d'abord vécu dans des communautés de banlieues, entre eux, par manque de moyens, par solidarité. La misère est plus douce quand elle s'accompagne de chaleur humaine. Ils voulaient sans doute retrouver un peu de « chez eux » chez nous. Dans les bassins miniers du Nord ou dans le couloir rhodanien, il y avait des villes, des villages entiers dans lesquels on parlait italien ou polonais. On y trouvait des sections italiennes ou polonaises au sein des associations sportives, de syndicats. Derrière ces structures, il n'y avait pas de volonté de remise en question et de transformation du modèle républicain français. Il y avait du folklore et la nécessité de lutter contre des discriminations et des inégalités salariales bien réelles. Cela fait une différence majeure avec l'islam politique et son communautarisme qui tend à manipuler la société pour la transformer et la soumettre.

L'assimilation est restée longtemps attachée à la IIIe République et à la colonisation. Le concept est tombé en désuétude après la Seconde Guerre mondiale. La France se relevait, s'ouvrait à la mondialisation, et l'Europe se construisait. Une immigration nouvelle est arrivée, une « immigration de travail », celle de mes grands-parents ouvriers dans le Nord et en région parisienne. Ils sont venus au lendemain de la Libération, sans femme, ni enfant. C'était majoritairement de jeunes hommes, parfois partis au lendemain de leurs noces, laissant derrière eux une jeune épouse enceinte. Ils allaient en métropole travailler, car l'aridité de la terre de Kabylie n'offrait pas d'autres possibilités. Les journées étaient difficiles, les conditions de vie sommaires et le travail rude. Il fallait tenir pour se construire et nourrir ceux restés au pays, dans ces montagnes aux hiver rigoureux. En 1939, Albert Camus publie, dans le quotidien algérois *Alger républicain*, fondé par Pascal Pia, un reportage dont le titre est « Misère de la Kabylie ». Il y dresse un constat direct et incisif en évoquant l'« effroyable misère », comme un « itinéraire de la famine ». « La Kabylie est un pays surpeuplé qui consomme plus que ce qu'il produit » : à cette époque-là, 40 % de la population vit en effet avec moins de 1 000 francs par an ! Les aides sont distribuées en fonction du clientélisme et des intérêts des caïds locaux. Camus, dont l'enfance a été marquée par la pauvreté, s'indigne, ses textes sont empreints de respect pour les Kabyles. On le sent profondément affecté par les enfants sous-alimentés, les villages entiers qui consomment des racines, des herbes, des orties et de la tige de charbon. Il prend l'opinion publique à témoin et tente d'appeler à la justice, à la solidarité, au nom de la dignité humaine. Il propose un plan de développement économique et social pour cette région abandonnée. Il préconise une « politique généreuse et clairvoyante » afin de favoriser l'assimilation. Il affirme : « Si l'on veut vraiment d'une assimilation, et que ce peuple si digne soit français, il ne faut pas commencer à le séparer des Français. »

C'est pour fuir cette misère décrite par Camus que les villages kabyles se vident peu à peu de leurs hommes. Lorsque ces derniers arrivent à Paris ou dans le Nord, il n'est nullement question pour eux de parler autrement qu'en français, d'exhiber des signes d'appartenance à une religion ou de porter une tenue autre que l'uniforme de sa profession ou le costume de ville. Des tenues « à l'européenne » pour se fondre dans la population. C'est naturel et normal. La sphère publique est celle de la République française, la sphère privée est celle où l'expression de sa culture d'origine, de sa langue ou de sa croyance peut s'exprimer sans heurter ou empiéter sur les croyances de l'autre. Citoyen dehors, individu avec son histoire et ses croyances dans l'intimité.

Dans les années 1980, on réalise que cette immigration de travail arrivée à la fin des années 1950 et dans les années 1960 va rester. Certains ont fondé leur famille en France, parfois avec des Françaises, d'autres ont fait venir leur famille grâce au regroupement familial (comme mon grand-père). Ceux qui avaient laissé derrière eux une jeune épouse de 16-17 ans ont alors retrouvé des femmes de 35 ans... C'est aussi cela, l'immigration et l'exil. Des villages entiers de femmes seules, avec des enfants qui ont très peu connu leur père et le découvrent tard. Tant d'histoires qui ont influencé le répertoire musical et la poésie kabyle : solitude, isolement, exil, inconnu, manque de l'autre et des siens. Mais la vie a continué. Pour la deuxième génération, l'Algérie et son mode de vie sont devenus étrangers à ce qu'ils connaissaient. Combien de ces hommes et femmes, nés dans les années 1950-1960, racontent leur choc culturel quand ils sont retournés en Algérie pour les vacances, eux qui ne connaissaient que la France ? Bien sûr, il y a un attachement aux racines, mais une distance s'est faite naturellement.

Le concept d'« intégration » s'est imposé au fur et à mesure, sans qu'il soit associé à un problème. Bien sûr, les discriminations étaient présentes, mais la volonté des « enfants d'immigrés » était d'être considérée comme des Français comme les autres. Les revendications n'étaient pas religieuses, elles cherchaient l'égalité des droits.

Ce fut ainsi le sens de la « Marche pour l'égalité et contre le racisme », rebaptisée de manière méprisante « Marche des beurs », qui se déroula du 15 octobre au 3 décembre 1983. Une marche pour être des Français comme les autres, à part entière, et contre le racisme.

C'est dans ces années 1980 que l'assimilation est abandonnée, reléguée au rang des idées poussiéreuses d'un autre siècle. On lui préfère l'« intégration », qui s'impose bientôt dans tous les discours politiques ainsi que dans le débat et les politiques publiques. En 1989, le Haut Conseil à l'intégration est créé. En 1990, Michel Rocard, Premier ministre, déclare que l'intégration « est seule conforme au génie français ».

À cette époque, certains pensent encore que l'immigration est un phénomène temporaire et conjoncturel. Le regroupement familial a permis à ces hommes seuls, venus travailler, de rassembler leur famille. Ils s'installent durablement en France, leurs enfants vont à l'école. La doctrine de l'intégration porte une part d'« ouverture ». Elle considère que la société s'enrichit des différences et que l'identité se construit au gré des apports des uns et des autres. Selon cette vision, c'est autant à la société de s'adapter au nouvel arrivant qu'au nouvel arrivant de s'adapter à la société. Tout cela porté par un principe d'égalitarisme et de générosité dévoyés. En réalité, c'est un laxisme ou un je-m'en-foutisme sans vision à long terme sur les conséquences pour notre cohésion nationale et sur l'intégration réelle de ces populations. « Bienvenue chez nous, fais ce qu'il te plaît » ne peut fonctionner.

Le communautarisme s'est nourri de ce laisser-faire dans l'intégration des populations étrangères. Plus le cadre est souple, plus il est difficile pour le nouvel arrivant de comprendre ce à quoi il doit s'intégrer. L'abandon de l'assimilation au moment du regroupement familial est l'erreur originelle de nos politiques. Pourtant, le regroupement familial, en soit, n'est pas une erreur. C'est une mesure humaniste et juste. Qui pourrait tolérer le fait de vivre et de faire vivre des travailleurs loin de leur famille et de leur refuser de se retrouver ? Aucune société développée ne le peut. L'aspiration de ces hommes à réunir les leurs, pour voir leur épouse, voir grandir leurs enfants, construire leur famille, est légitime. Ce qui a été une erreur, c'est d'abandonner, au même moment, l'exigence d'une politique d'assimilation. En refusant d'appliquer une politique exigeante, comme pour toutes les populations arrivées avant, on a mené dans le mur du repli identitaire une partie des populations issues de l'immigration nord-africaine et africaine. N'est-ce pas du mépris pour leur intelligence, pour leur capacité d'adaptation ? De la condescendance ou simplement une maladroite bienveillance ? L'erreur fut d'avoir manqué d'exigence. Seul un service minimum de l'intégration fut requis pour des populations que beaucoup prenaient de haut et considéraient comme incapables de s'assimiler. Ils ont eu tort, car beaucoup ont parfaitement réussi leur chemin d'intégration et sont donc assimilés. Les exemples ne manquent pas, y compris au sommet de l'État. D'autres sont dans un rejet violent que des années de renoncement et de « laisser-faire » ont généré. Les difficultés actuelles sont le fruit de ce manque de cadre et d'exigence pour le nouvel arrivant. Ce n'est pas le regroupement familial qu'il faut condamner, mais l'avènement de l'intégration « inclusive », qui porte les germes du séparatisme.

« *Nous nous sommes trompés* »

Nous avons cru longtemps à l'intégration. Nous nous sommes trompés. Le modèle français a échoué en ce qu'il a permis, au nom des différences culturelles, de laisser monter l'islamisme dans la communauté musulmane (convertie incluse).

En considérant, depuis plusieurs décennies, que l'intégration peut faire l'économie de l'assimilation, la pensée de gauche porte une immense responsabilité dans les dérives communautaristes, séparatistes et indigénistes auxquelles nous sommes aujourd'hui confrontés. Et il faut bien admettre que la droite s'est davantage illustrée par le discours que par les actes, même si la plupart des lois visant à protéger la République contre l'obscurantisme islamique – car c'est bien de lui, et seulement de lui, qu'il s'agit – ont été votées sous une présidence de droite. Mais une seule d'entre elles est efficiente : la loi votée en 2004 à l'initiative de Jacques Chirac prohibant les signes religieux ostensibles à l'école. On ne remerciera jamais assez l'ancien Président d'avoir eu ce courage politique. Aujourd'hui, il devient urgent de l'élargir à l'enseignement supérieur. À l'inverse, la loi interdisant le voile intégral dans la rue, dévoyée par le concept de dissimulation du visage dans l'espace public, ne fut jamais appliquée.

À gauche, les Premiers ministres Bernard Cazeneuve et Manuel Valls font exception à la règle. Leur engagement au bénéfice de la laïcité fut sans faille, mais entravé par une partie de leur majorité, qui finira par les évincer. Il n'y avait rien de choquant à retirer la nationalité française aux double-nationaux devenus ennemis de la France. La bien-pensance de leur camp les en a empêchés.

Rappelons qu'à la présidentielle de 2017, le Parti socialiste a été représenté par l'ambigu Benoît Hamon qui n'avait pas hésité à mettre sur un même plan les filles en short et les filles voilées (« La laïcité protège la fille en short et celle qui veut porter le foulard[1] »). Benoît Hamon dont la ville de Trappes a envoyé le plus de candidats au djihad... On connaît la suite.

---

1. *Le Journal du dimanche*, 19 février 2017.

La gauche, la droite, en définitive, l'intelligentsia parisienne, le monde des arts et des spectacles, les médias, le monde associatif... « Nous nous sommes tous trompés », reconnaît aujourd'hui, avec courage, Julien Dray, cofondateur de SOS Racisme. Une vision dévoyée des traditions républicaines, une conception « ouverte » et « souple » de la laïcité, une pseudo-générosité à l'égard des arrivants sur le sol français, ont conduit la gauche à considérer qu'il n'y avait pas de culture française, mais des cultures en France. C'est l'erreur originelle qui a générée l'échec de l'intégration et fait le nid du communautarisme. La France a toujours eu une culture unique et elle s'appelle « la République ». L'exception française, ce n'est pas seulement sa gastronomie ou sa mode, c'est sa République laïque. Dans cette culture, on respecte la neutralité religieuse dans l'espace public. Dans cette culture, on respecte la liberté d'expression, l'égalité homme-femme, on préfère le travail à l'assistanat, le mérite à la discrimination positive, car tous les citoyens sont égaux.

Le débat posé entre intégration et assimilation est dépassé, il est celui du XXe siècle. Il est juste bon à occuper commentateurs et pseudo-chercheurs qui ne veulent pas voir l'état réel du pays. Pourquoi poursuivre dans une voie qui nous a prouvé ses limites ?

Les faits sont pourtant là : l'intégration réussie s'appelle l'« assimilation » et l'intégration ratée, le « communautarisme ». Aujourd'hui, ce n'est pas au débat suranné, du monde d'avant-hier, entre intégration et assimilation, que nous devons répondre, mais au débat entre assimilation et communautarisme. Le communautarisme signifiant – rappelons-le – la fin de la République.

Le mauvais choix des mots porte les maux à venir. L'assimilation fait peur, on pense qu'elle exige de celui qui doit être assimilé d'être une page blanche, de faire une mise à jour et de gommer tout ce qui fait partie de son identité profonde. Plus jeune, je pensais que l'assimilation était une forme de brutalité et de mépris pour l'autre. Je la craignais alors que je vivais en étant parfaitement assimilée moi-même ! Il faut que l'esprit critique se forme, que l'on se fasse sa propre opinion pour quitter ces visions orientées. Les années sont passées, j'ai acquis expérience et j'ai observé notre société. J'ai compris que l'assimilation ne correspondait pas à l'image colonialiste que l'on m'en avait faite. Une image orientée par un gauchisme faussement bienveillant, mais totalement infantilisante et déterministe. Je me suis forgé la conviction que c'est, au contraire, l'aboutissement d'un processus de générosité qui garantit de meilleures conditions pour celui qui arrive et permet de maintenir la cohésion pour notre pays. L'assimilation invite à devenir un « frère » en République. Tu ne seras pas ma copie, tu seras mon égal ! Pour cela, il faudra comprendre, faire siennes ces valeurs, se départir, dans la sphère publique, de quelques aspects de sa culture d'origine afin de se conformer au mode de vie du pays d'accueil. Est-ce insurmontable ? Est-ce cela que l'on appelle la « brutalité » ou l'« amnésie » qu'imposerait l'assimilation ? Soyons sérieux...

Une élite de pleutres

Une partie de l'intelligentsia, lâche et démissionnaire, porte également une responsabilité dans cette désintégration. Les islamistes ont prospéré grâce à sa paresse intellectuelle et à sa complicité. Cette prétendue élite intellectuelle toujours si prompte à faire des procès en « islamophobie » et en « droitisation » à tous les défenseurs de la laïcité... Je ne l'oublie pas. L'idéologie de gauche et ses non-pensants contemporains ont longtemps montré du doigt, caricaturé et stigmatisé ceux qui refusaient le déni et la lâcheté. Ils portent une lourde responsabilité. Ces gens-là ne s'excuseront jamais... Comment le pourraient-ils ? Ils sont dans le déni de leur déni. Certains d'entre eux ont redécouvert les vertus protectrices et émancipatrices, pour tous, de la laïcité, ce pilier de notre identité. Ils semblent avoir enfin compris que ce n'était en rien un totem d'extrême droite. Cette pseudo-intelligentsia sait toujours changer d'avis. Toujours au bon moment... « Toujours du bon côté », comme chantait Dutronc. Cela ne les empêchera ni de dormir ni de reconnaître leurs erreurs.

Avons-nous redressé la barre depuis *Charlie* et la marche du 11 janvier ? Non. Du temps de perdu. Du terrain cédé aux islamistes. Eux avancent sans douter. Un recul de la République et de la Nation s'est accéléré, accompagné d'une augmentation de collabos aux arguments pseudo-socio-psychologiques et compatissants. La liberté d'expression est sous menace, l'autocensure se développe partout. On préfère ne rien dire pour ne pas prendre de risque pour sa vie, pour son image et pour sa carrière. Les lèvres se pincent, les regards se détournent et les silences en disent long...

À tous les niveaux, vedettes, politiques, intellectuels, éditorialistes et citoyens... Une forme d'omerta s'installe, que seul un événement tragique brise parfois pour quelques semaines, parfois pour quelques jours.

Les experts des palabres mondaines et médiatiques influencent les populations et le cours de nombreuses vies. Ils le savent. Mais ils préféreront fermer les yeux pour éviter de faire face à leurs responsabilités. Une partie de la population est séduite par leur prêt-à-penser compatissant, faussement utopique, et égalitariste. Quand des sociologues, des journalistes et des universitaires donnent du crédit aux thèses indigénistes, ils jouent aux pyromanes. Ils offrent une acceptabilité sociale et intellectuelle au rejet de nos valeurs, de notre mode de vie, et à la volonté de vivre séparément en portant sa « différence » comme une frontière qui empêche le rapprochement avec l'autre.

Cette fameuse différence qui serait une richesse, mais qui est porteuse de conflits et destructrice de notre cohésion nationale, quand elle prend le dessus sur ce qui nous rassemble.

Chacun à un rôle à jouer pour changer l'image de la France. Il faut arrêter le « France bashing » et le « République bashing ». Médias, leaders politiques, associatifs, institutions et enseignants seront des piliers fondamentaux, car ils forgent l'esprit des citoyens de demain.

Comment respecter et vouloir porter avec fierté les couleurs d'un pays qui se montre faible ? Alors que les cultures d'origine sont des cultures aux codes virils, où le rapport de force indique celui qu'il convient de respecter, la France, par sa tolérance, passe souvent pour faible. Si « tendre l'autre joue » est pour certaines cultures un signe de sagesse et d'apaisement, elle est pour d'autres un signe de faiblesse et de soumission.

Par son incapacité à s'affirmer, la République devient ainsi synonyme de couardise et de faiblesse. Aux yeux des cultures méridionales, la faiblesse ne se respecte pas. Comment le modèle français peut-il séduire et donner envie s'il paraît être faible ? L'envie de se revendiquer d'un pays, de s'assimiler et de se sentir patriote (en dehors des matchs de football... et encore, cela dépend de l'équipe en face) est liée à l'image que renvoie le pays. Qui voudrait s'associer à quelqu'un qui doute en permanence, tergiverse et ne se fait pas respecter ?

L'échec de la France et son enlisement intellectuel face aux questions d'immigration et d'intégration ont créé un terreau fertile pour le développement du communautarisme et des théories racialistes importées des États-Unis. Cet échec, qui se manifeste par une montée en puissance des revendications de minorités, fait la joie des extrémistes, de gauche comme de droite. Ils dépendent les uns des autres. Plus la tyrannie de minorités religieuses et ethniques est forte, plus l'extrême gauche trouve des angles pour asséner des coups de butoir à notre Pacte républicain. Quand elle prône la bienveillance, c'est pour mieux installer la soumission. Quel cynisme. Elle trahit la France par calcul et par lâcheté. L'extrême droite s'offre, quant à elle, la possibilité d'éclairer son argumentation par des faits réels et incontestables. Voilà, la boucle est bouclée. Le piège se referme. L'échec de l'intégration est une aubaine pour tous les extrémistes et les politiques, de gauche comme de droite, hypocritement républicains qui, de mandats en mandats, vivent grassement du clientélisme.

Les antiracistes, fossoyeurs de l'intégration

Les « différences », la « diversité » sont des atouts à mettre en exergue quand elles contribuent à améliorer et à enrichir notre Nation, jamais quand elles visent à la niveler et à poser les premiers jalons de l'obscurantisme. Le culte de la différence à tout prix a été plébiscité par l'idéologie antiraciste. Celle-ci porte une grande responsabilité dans l'échec de l'intégration. Ces antiracistes spécialistes de l'organisation de concerts place de la Bastille et des indignations sélectives et anecdotiques, mais toujours médiatiques ; ces antiracistes qui font le procès de tous ceux qui osent dénoncer l'inacceptable, préférant montrer du doigt l'humaniste et protéger l'obscurantiste au nom du « c'est leur culture » ; ces antiracistes-là, issus des rangs ou de l'idéologie socialisante mitterrandienne, par une tolérance dévoyée, une fausse compassion dégoulinante de narcissisme, ont dérivé vers une forme de racisme.

Le problème de ces gens est qu'ils ont une telle condescendance vis-à-vis de ces populations immigrées qu'ils ne prennent même pas le temps de les écouter, de les considérer comme des citoyens à part entière, capables de faire le tri dans l'offre politique, comme tout autre citoyen. D'ailleurs, il n'y a pas de secret, la condescendance sociale des caciques de gauche à l'endroit des classes populaires a poussé celles-ci à s'en détourner, préférant maintenant les partis extrémistes. Belle performance !

Quand j'étais au lycée, le groupe Zebda connaissait un grand succès – *zebda*, qui veut dire « beurre » en arabe... C'est de cette manière que j'ai découvert que les jeunes issus de l'immigration nord-africaine étaient appelés les « beurs », verlan du mot « Arabe », avec sa fameuse déclinaison féminine de « beurettes ». Je trouvais cela humiliant. De fil en aiguille, en ouvrant mes livres, en naviguant sur Internet et en me rendant à la bibliothèque pour effectuer mes recherches, je remontais dans l'histoire de l'antiracisme et je découvris que le terme venait de cette marche entreprise du 15 octobre au 3 décembre 1983 par de jeunes personnes issues de l'immigration maghrébine pour protester contre la vague de crimes racistes, anti-Arabes, qui défrayait la chronique et terrorisait de nombreuses familles. Ces jeunes, en marchant pacifiquement, de Marseille à Paris – ils sont également passés à Roubaix –, voulaient réveiller les consciences et rappeler que la France était avant tout le pays de l'égalité et de la fraternité. Arrivés à Paris, ils ont été reçus à l'Élysée par François Mitterrand, qui comprit l'intérêt politique de ce mouvement (peut-être aussi pour faire oublier son passé sulfureux, car il restera l'homme qui refusa de gracier des centaines de prisonniers algériens pendant la guerre d'Algérie, entre autres...) et organisa sa récupération politique. La « Marche pour l'égalité et contre le racisme » a été rebaptisée « Marche des beurs ». La tradition des marches, manifestations et concerts « antiracistes » était née. La gauche, dès lors, préemptait le vote de ces nouveaux Français. Elle se considère depuis comme l'éternelle propriétaire du vote des personnes issues de l'immigration.

Le glissement sémantique de « Marche pour l'égalité et contre le racisme » vers « Marche des beurs » était une manière insidieuse de réduire ce mouvement. Pire encore, à mon sens, « beurs » chosifie les personnes et relève aussi du champ lexical raciste... Grâce aux « amis socialistes », ce sobriquet a été popularisé, et il collera à la peau des Maghrébins pendant encore de longues décennies. Par ce tour de force sémantique, la noble cause de l'« égalité » défendue par ces jeunes restera dans les annales comme une revendication quasiment identitaire de jeunes de banlieues. Les Maghrébins n'auront plus le droit d'être appelés de manière digne comme les Asiatiques, les Italiens, les Polonais, les Juifs... Voilà, en un mot, les Français d'origine maghrébine devenaient des « beurs », un mot ridicule, dérisoire, qui ôte toute crédibilité. L'égalité était-elle un mot trop noble et un concept trop inaccessible aux Maghrébins de France, qui souffraient des ratonnades et de l'insécurité ?

Du service minimum de la cohésion nationale aux espoirs des Mureaux

L'intégration est le service minimum de la cohésion nationale. La mythologie républicaine ne fait plus rêver, elle ne parle plus aux Français, et encore moins aux jeunes. Les valeurs et les principes sonnent comme des mots creux, répétés à l'excès sur les plateaux télé, par des personnes qui, souvent, n'ont fait que les trahir. Ils sont avancés comme des « mots-valises », boucliers des impuissants, quand ils ne savent plus ni quoi dire ni quoi faire. Or la République doit s'imposer en étant offensive et concrète partout et à chaque fois que cela est nécessaire. On ne s'excuse pas, on indique un chemin commun et on le fait respecter grâce à l'éducation et à l'autorité. Le manque d'incarnations concrètes permet aux islamistes, et à tous les extrémismes, de prospérer.

La France a des sursauts de fierté nationale après chaque attentat, des moments de concorde autour de ses valeurs. Des moments qui, malheureusement, tournent court, même quand on pense que l'on a atteint le paroxysme de la barbarie... Quant à la classe politique, elle se découvre une passion pour le concours Lépine de la proposition la plus choc ; l'objectif n'est pas l'efficacité, mais la reprise médiatique. Un comportement qui inquiète, car il démontre un manque de sang-froid. Dans les moments de crise, il faut agir avec fermeté et voir loin. Peu en sont capables au sein de la classe politique française. J'ai croisé beaucoup de politiciens, mais peu d'hommes d'État. Seuls ces derniers sont capables de gérer une crise sans céder aux sirènes de l'ego, du narcissisme et de la vanité. Le drame de notre pays est d'avoir une classe politique majoritairement sans idées, sans réelles convictions et souvent mue par son destin plus que par celui de son pays. Ils sont là où est le vent, ils sont là où est le buzz.

Le président de la République, en prononçant le discours du 2 octobre 2020 aux Mureaux contre les séparatismes, a enfin clairement pris le parti des républicains laïcs. En désignant sans ambiguïté l'« islamisme », en parlant d'« insécurité culturelle », en rappelant la liberté de « blasphémer », en faisant de la loi de 1905 un appui central, et en refusant le modèle concordataire, Emmanuel Macron a envoyé un signe en faveur du renforcement de la laïcité et de la défense des valeurs de la République. Il semble être revenu de sa vision originelle, de nature plutôt multiculturaliste et anglo-saxonne. Ce discours marque un tournant dans le quinquennat. L'effroyable actualité qui l'a suivi, avec l'attaque, devant les anciens locaux de *Charlie Hebdo*, qui a fait deux victimes, et la décapitation d'un professeur d'histoire-géographie devant son établissement, obligent à des actions concrètes. Il serait criminel de se contenter de mots, aussi justes soient-ils.

L'islam est un tabou en France. Cette religion semble bénéficier d'un traitement à part. La critiquer expose à des représailles parfois sanglantes. En exiger une réforme pour la faire entrer dans les Lumières expose à des menaces. Défendre la liberté d'expression, la liberté de culte, l'esprit critique, le blasphème, la laïcité ou les droits des femmes, c'est malheureusement, aujourd'hui, dans notre pays, s'exposer à des accusations d'« extrême droitisation » et d'« islamophobie », c'est « faire le jeu de... » ! Or l'islam ne doit bénéficier d'aucun traitement d'exception. Comme toutes les religions, l'islam est critiquable. L'universalisme ne peut s'arrêter là où l'islam s'exprime. Le discours des Mureaux est un tournant car il renverse enfin ce paradigme.

Le président Emmanuel Macron a ciblé également le communautarisme qu'il appelle « séparatisme ». Il a précisé que le séparatisme le plus dangereux pour la République est le séparatisme islamiste. Cette clarté est salutaire, car elle précise les objectifs de son grand projet de loi contre les séparatismes. Précision et clarté renforcées encore par le nouveau nom du projet de loi : « renforcement de la laïcité et des principes républicains ».

Le discours du président de la République, président de tous les Français et garant de la cohésion nationale, a été suivi de procès en « islamophobie ». C'est bon signe. Il permet de sortir de plusieurs années de déni et de réprobation publique qu'ont connues les défenseurs de la laïcité. Les mesures annoncées étaient espérées depuis longtemps, notamment la loi sur la scolarisation obligatoire des enfants dès 3 ans, la fermeture des écoles hors contrat et le contrôle accru des prétendues associations culturelles ou de soutien scolaire qui sont, en réalité, des lieux d'endoctrinement des enfants et des familles. Espérons que ces mesures annoncées seront suivies d'effets. Face à l'accélération de l'effritement de l'édifice républicain, le rôle de chaque citoyen est de soutenir le gouvernement, avec la plus grande attention et la plus grande exigence.

Assimiler pour lutter contre le séparatisme

Seule l'assimilation permet à un étranger de devenir français et fier de l'être. Seule l'assimilation accompagnée et préparée permettra à ceux qui arrivent de devenir des « Français de choix et de préférence ». Des patriotes fiers et reconnaissants, comme l'ont été de très nombreux étrangers arrivés en France à la fin du XIXe siècle. Ils n'hésitaient pas à porter l'uniforme pour s'engager et défendre leur pays d'accueil lors de la guerre de 1914-1918, ou dans la Résistance, eux, les « Français de souche récente ». Ce fut le cas de Guillaume Apollinaire, né Kostrowitzky en 1880 à Rome, de nationalité polonaise. À 18 ans, il débarque à Paris. Passionné par la poésie, il s'y consacre pleinement et devient une figure littéraire incontournable. Mais lorsque la guerre éclate, en 1914, il veut absolument s'engager ; il « ne doute pas un instant, au début des hostilités, de la nécessité pour lui de combattre du côté des Français[1] ». Il en reviendra blessé, traumatisé et atteint de la grippe espagnole, à laquelle il succombera. Il tira de ces années au front des textes puissants qui restent dans l'histoire. Voilà un immigré, assimilé, qui participe à faire de la France le grand pays de la poésie, de la littérature, comme Romain Gary, né dans l'Empire russe, juif d'un milieu modeste, héros de guerre, diplomate et deux fois Prix Goncourt ; l'Espagnol Pablo Picasso, l'un des plus grands peintres de son temps, ou Marie Curie, née en Pologne, deux fois Prix Nobel en sciences. Apollinaire, comme tant d'autres qui venaient d'arriver, savait que l'histoire de France n'avait pas commencé avec lui. Il savait que devenir citoyen français, c'était accepter toute l'histoire de ce pays. C'était aussi pouvoir prendre les armes contre le pays de ses origines, comme ce fut le cas pour beaucoup d'Italiens engagés en 1940 contre l'Italie, qui connurent, en arrivant, les bidonvilles, la xénophobie, le mépris et la misère des jobs payés à la journée. Mais aussi l'accueil et l'installation dans une nouvelle nation.

Devenir français ne signifie pas devenir chrétien et renier ses origines, cela signifie faire siennes les

1. Claude Debon, *Calligrammes*, Gallimard, coll. « Foliothèque », 2004, p. 81.

valeurs de notre pays et avoir au fond de soi une émotion particulière lorsque *La Marseillaise* résonne. Cette émotion qui exprime l'intériorisation du récit national, de la profondeur historique, de l'appartenance à un destin commun. L'exemple des juifs démontre que l'on peut être assimilé tout en préservant, dans le cocon de l'intimité, sa religion, ses traditions et même une autre langue pour ceux des pays de l'Est venus trouver refuge en France. Oui, on peut immigrer en France, s'y installer durablement, continuer d'aimer son pays d'origine, pratiquer la religion de son choix, parler la langue de ses origines, à condition de maîtriser la langue française et d'accepter la primauté de la loi laïque ainsi que le mode de vie de ce pays d'installation.

Poursuivre l'abandon de l'assimilation, c'est poursuivre une marche inexorable vers la dictature des minorités... celle qui mène au communautarisme, antichambre de la partition islamiste, terreau fertile du djihadisme.

L'islamisme avance sur deux fronts. Le premier, en « col blanc », est politique et s'infiltre à bas bruit dans tous les lieux de pouvoir et de savoirs, avec différentes méthodes : lobbying, chantage victimaire, soutien financier par des associations satellites, etc.

Le Président aurait ainsi un geste fort, avec un retentissement international, en déclarant les Frères musulmans comme organisation terroriste, à l'instar de l'Égypte (pays du fondateur de la confrérie, Hassan El Banna, grand-père de Tariq Ramadan), des Émirats Arabes unis et du Royaume-Uni. Le second est celui qui provoque stupeur et effroi avec ses actions violentes. Les deux se soutiennent et se complètent.

L'intégration « open bar » a généré une forme d'abandon des Français de confession musulmane, qui ont été en partie récupérés par l'islamisme politique. Ils sont ainsi de plus en plus nombreux, et même majoritaires chez les jeunes, à succomber aux sirènes de l'intégrisme, à la victimisation au nom de l'« islamophobie » et de la « ghettoïsation ». Abandon des Français de confession musulmane, qui, pourtant, pourraient être les fers de lance d'un nouvel islam des Lumières, abandon des Français qui assistent, impuissants, à la dilution des valeurs pour lesquelles leurs ancêtres se sont battus dans un multiculturalisme dévoyé, au point de dégénérer en soumission. Parfois en complicité, comme à l'extrême gauche, écologistes inclus. Ces derniers, accompagnés de leurs acolytes de La France insoumise, se sont disqualifiés pour défendre la République le jour où ils ont défilé aux côtés des islamistes au cœur de Paris. Ces islamistes qui ont scandé « Allahu akbar » à quelques mètres de l'ancien siège de *Charlie Hebdo*. Ces ennemis de la France qui ont fait porté l'étoile jaune aux manifestants, faisant ainsi un parallèle nauséabond entre le sort des juifs durant la Shoah et celui des musulmans aujourd'hui en France.

L'assimilation est la condition de base, le contrat fondateur de l'appartenance à une communauté nationale qui s'appelle « France ». Elle est le premier pilier de la lutte contre l'intégrisme, le meilleur remède contre le séparatisme.

En finir avec « les Français par hasard »

La France n'est pas qu'un territoire. La France, c'est surtout, et avant tout, une histoire, une philosophie, une langue, un certain mode de vie. Comment découvrir les trésors de la culture française quand ses mots sont des épreuves alors qu'ils devraient être des alliés ?

Comment faire corps avec ce pays si l'on ne le comprend pas ? Comment faire société commune si l'on n'intériorise pas la profondeur de son histoire et la puissance de ses révoltes, qui lui ont permis de devenir la France, puis la République française ? Être français, cela se mérite et cela oblige. Donner naissance en France ne doit plus suffire à devenir français. Le « droit du sol » est une belle évolution de notre droit, mais elle doit être encadrée, car elle connaît des dérives. L'automaticité ne doit pas exister. Le hasard d'une géographie ne fait pas un Français, la volonté de le devenir, oui. La cohésion nationale est un impératif, et celui-ci exige que des efforts soient faits pour accéder à la nationalité française. Quelle joie d'être français pour celui qui parvient enfin à le devenir, quelle fierté et, surtout, quelle liberté... L'acquisition de la nationalité doit être l'aboutissement d'un parcours d'assimilation. Elle ne peut être le commencement d'un parcours d'intégration.

Il faut le rappeler à chacun, et à de nombreuses étapes de la vie, notamment aux plus jeunes. Les difficultés posées aujourd'hui pour notre cohésion nationale ne sont pas causées par les anciens, mais bien par ceux qui sont nés en France, parfois même de parents nés en France. Il s'agit de la troisième, quatrième, voire cinquième génération... Ils ont des conceptions de la vie en société diamétralement opposées à celles de la République.

Là est le problème. Ces Français ne sont en rien français de cœur. Ils ne sont français que par la chance d'un lieu de naissance, d'un aïeul, d'un bout de carte plastifiée. Ils profitent des avantages que la citoyenneté française offre, sans sentiment d'avoir des devoirs, sans reconnaissance. C'est la mentalité de l'« open bar des droits ». Avec des papiers français, ils peuvent voyager dans presque tous les pays du monde sans difficultés et profitent de la liberté. Un luxe. Celui que ne connaissent pas ceux qui vivent de l'autre côté de la Méditerranée. Là-bas, la jeunesse se meurt d'ennui, dans des pays-prisons à ciel ouvert, sans perspectives, sans possibilité d'évasion, et parfois d'amour… Là-bas, la liberté est un rêve, une utopie pour laquelle certains luttent, se battent avec courage, en dépit des menaces pour leur intégrité physique et celle de leur famille, et malgré l'arbitraire des peines encourues.

Pour sauver ce qui peut encore l'être, nous devons mettre en place des parcours de citoyenneté républicaine. Ils doivent être obligatoires et intégrés au cursus scolaire. À chaque niveau son programme, sa formation, ses acquis, sa cérémonie, son rituel républicain. Ce ne sont pas des cours d'éducation civique, mais bien des formations à la citoyenneté républicaine dès la maternelle. Dès l'entrée à l'école, un élève peut comprendre que notre pays est la France, que le drapeau se respecte, que notre hymne national est *La Marseillaise*. Chaque étape apportera sa progression dans l'intrusion de notre ciment historique. L'issue de ce parcours serait un examen qui compterait pour le baccalauréat. En cas d'obtention, une cérémonie en mairie serait organisée pour remettre ce diplôme. C'est bien une forme de catéchisme républicain, un programme de reconquête des esprits et des cœurs des plus jeunes que nous devons activer afin de contrer le catéchisme des intégristes, qui veulent faire scission en mettant en place une contre-culture et des contre-citoyens.

Redevenir maître de son immigration

L'assimilation ne peut avoir lieu que si les conditions de l'adhésion au pacte républicain sont possibles. Or, pour cela, il n'y a pas d'autre voie que celle d'une immigration choisie et non subie. Le flux d'immigration légale a doublé en vingt ans, ainsi que le nombre de bénéficiaires de l'aide médicale d'État (AME), qui est l'indicateur le plus fiable de l'immigration illégale. Selon l'Insee, il n'y a jamais eu autant d'immigrés présents sur le territoire national, près de 9,7 % de la population en 2018. L'augmentation du flux d'immigration, alors même que le modèle d'intégration français a failli, ne fait qu'augmenter l'ampleur des défis à relever, notamment en ce qui concerne le logement, l'éducation, l'accès à la santé et à l'emploi, la lutte contre le communautarisme et la défense des droits des femmes.

Pour réussir le défi de l'assimilation pour les étrangers résidant en France, mais aussi pour ceux qui se considèrent comme des « Français du hasard », il faut absolument lutter contre cette immigration illégale et réduire l'immigration légale. Nos capacités sont saturées. Traitons les difficultés présentes sur notre territoire avant d'accueillir de nouvelles personnes qui viendront vivre dans des quartiers en tension où tous les problèmes se cumulent.

Selon l'article 21-24 du Code civil, « nul ne peut être naturalisé s'il ne justifie de son assimilation à la communauté française ». Le texte est clair, pourtant sa mise en œuvre a été progressivement vidée de son contenu. Ainsi, un étranger qui arrive ne sait pas vraiment ce que nous attendons de lui pour qu'il rejoigne la communauté nationale. Pour peu qu'il vive dans un quartier communautarisé (ce qui est très souvent le cas), ses repères et relations avec la culture française seront extrêmement réduits... Aujourd'hui, les exigences affichées sont minimales et les contrôles sont dérisoires. Le contrôle de la maîtrise de la langue à l'oral, pourtant fondamental pour s'intégrer, est minimal... et pour l'écrit, il n'existe pas de contrôle de l'acquisition réelle des fondamentaux. Le gouvernement a certes doublé le nombre d'heures de français du contrat d'intégration républicaine (passant de 200 à 400 heures, voire 600 heures pour les illettrés), mais ces heures de cours, offertes par l'Office français de l'immigration et de l'intégration (OFII), devraient être sanctionnées d'un examen oral et écrit qui conditionnerait l'obtention ou le renouvellement du titre de séjour.

Ce qui est dramatique, c'est qu'aujourd'hui, il est plus facile d'apprendre l'anglais que le français, en France, quand on est un adulte. Pourtant, ne pas maîtriser le français peut avoir de graves conséquences sur l'intégration de ces personnes, générer le repli identitaire et impacter la réussite scolaire des enfants. À Grigny, « 60 % des parents d'élèves ne connaissent pas le français[1] », comme le relève l'ancien préfet Michel Aubouin. Il faut donc envisager de généraliser les dispositifs d'apprentissage pour les adultes. Cet apprentissage du français sanctionné d'un examen devra être complété par une formation portant sur l'éducation civique, les droits des femmes et l'histoire.

En Allemagne, selon un rapport de l'Office fédéral de police criminelle allemand (BKA), les agressions

1. Michel Aubouin, *40 ans dans les cités*, Presses de la Cité, 2019.

et les viols de la Saint-Sylvestre de 2015, à Cologne et Hambourg – près de 1 200 femmes ont été agressées (650 à Cologne et 400 à Hambourg) par plus de 2 000 hommes –, ont révélé que plusieurs hommes avaient abusé d'une seule femme (comme ce fut le cas au Caire, lors des manifestations de la place Tahrir). Ces hommes étaient, pour la majorité d'entre eux, présents depuis moins d'un an et d'origine maghrébine ou syrienne. Pour eux, une femme qui sort la nuit est une femme légère, disponible, alors si en plus elle est en jupe et boit de l'alcool, ils pensent que c'est une invitation et que c'est mérité. Un choc des civilisations ! Il est impératif de former et d'instruire sur les comportements entre les hommes et les femmes, le respect des orientations sexuelles afin que ceux qui arrivent comprennent où ils arrivent, et comment ils doivent désormais se comporter avec les femmes et les homosexuels. La question des droits des femmes est centrale dans le processus de l'assimilation, car c'est sur ce point que les différences culturelles sont les plus importantes et peuvent créer des éléments de très fortes crispations.

L'immigration choisie est la condition sine qua non de l'intégration réussie et donc de l'assimilation. La France a le droit de choisir qui elle veut accueillir, car elle ne peut accueillir tout le monde. Elle n'en a plus les moyens. Il faudra d'abord retrouver le chemin de la croissance et de l'emploi, qui permettront de sortir les Français de la précarité et de l'insécurité économique, avant de penser à accueillir de nouvelles personnes. Il faudra d'abord retrouver le chemin de l'assimilation pour faire reculer le communautarisme et mettre en échec l'islamisme radical.

La France n'a, aujourd'hui, malheureusement plus grand-chose à offrir, disons-le franchement, à ceux qui pensent encore que notre pays est un eldorado économique. Si elle demeure un eldorado social, elle est malheureusement devenue un pays économiquement fragile, et c'est pour cela qu'il faudra sans doute revoir les conditions d'accès aux prestations sociales... Faisons preuve de pragmatisme, d'humanisme et de respect pour ceux qui risquent leur vie pour venir, mais aussi pour ceux qui, ici, silencieux, sont dans la misère.

Ne pas se perdre dans des débats stériles comme la question du prénom

Quand on parle de prénom et d'immigration, on pense immédiatement aux polémiques suscitées par les propos d'Éric Zemmour. L'essayiste aime souligner que les prénoms doivent être des prénoms français, des prénoms du calendrier, pour signifier l'assimilation des personnes qui les portent. On peut, de prime abord, comprendre et expliquer cette position. Il y a derrière la volonté d'apporter de la cohésion à travers une neutralité et un lissage des différences pour ressembler, autant que possible, à ceux qui sont du pays dans lequel on va vivre. Le prénom est un passeport qui, souvent, dit beaucoup de vos origines sociales et culturelles. Dans les années 1950 et 1960, certaines personnes issues de l'immigration nord-africaine avaient fait le choix de donner un prénom français à leur enfant pour favoriser leur intégration. Il y a eu ainsi beaucoup de Michel, Gérard, Patrick ou Bernard. Il y en avait dans mon village, ils ont aujourd'hui 60 ans, et leur prénom est vécu comme une originalité, le vestige d'une époque où il fallait rentrer, coûte que coûte, dans le moule. Nous étions alors dans une France où ces mêmes prénoms étaient encore répandus dans la population. À Rome, les parents voulaient faire comme les Romains. Aujourd'hui, ils vivent à l'heure française et ne comprennent pas bien les délires religieux des plus jeunes et leur repli identitaire.

Toutefois, à l'épreuve de la France du XXIe siècle, la vision zemmourienne semble dépassée. Les Bernard sont, en effet, depuis longtemps oubliés au profit des Kevin et des Kelly, les classes des écoles sont pleines de petits Liam, Yanis, Killian, Amir, et autres Enzo. Le *soft power made in US*, via les séries, a en effet joué à plein tube auprès des milieux modestes. Les mariages mixtes ont aussi favorisé l'émergence de prénoms internationaux, ou moins marqués culturellement. À cela s'ajoute la mode des prénoms originaux, vintage et des associations folkloriques ou d'inspiration végétale. Ainsi, la montée en puissance des prénoms cosmopolites et atypiques réduit l'impact du prénom comme élément d'assimilation, notamment dans les milieux modestes. Serais-je plus français en m'appelant Killian ou Liam ?

La grille de lecture de l'assimilation par le prénom n'est plus à jour et ne révèle plus la volonté d'une famille d'accompagner son enfant vers l'assimilation à la Nation. Toutefois, la réalité oblige à prendre en compte le prénom comme un élément de discrimination. Une discrimination sociale, comme certaines études l'ont démontrée pour les Kevin. Mais pour les Mohamed, c'est à une addition de discriminations, sociale et ethnique, à laquelle il faudra faire face. L'enjeux est ici posé pour chaque parent, surtout ceux des classes populaires et moyennes. Souhaitent-ils ajouter des difficultés à leurs enfants ou tenter de leur éviter certaines embûches provoquées par des comportements racistes, détestables mais inhérents à la nature humaine ?

Dans une société de plus en plus tendue, il serait plus raisonnable d'éviter, autant que possible, de faire du prénom un objet de débat ou de vaines polémiques. Le prénom sera toujours un marqueur social et culturel. En dépit de sa beauté ou de sa symbolique, il sera pour certains, et c'est regrettable et injuste, un élément de discrimination consciente ou inconsciente. Il faut préserver et comprendre la volonté de toute famille de transmettre ou de rendre hommage à un aïeul à travers un prénom. La voie de la sagesse pourrait être celle du second prénom comme prénom de l'intimité, de l'histoire familiale. L'exemple du ministre de l'Intérieur, Gérald Darmanin, illustre la parfaite synthèse et cette voie d'union entre deux histoires, deux parcours, et une même volonté de faire Nation. Il porte en second prénom celui de son grand-père tirailleur, harki d'origine algériennc, Moussa. Il synthétise ainsi ce que peut être l'assimilation, une distinction entre la sphère publique et la sphère privée, une volonté de se confondre sans jamais s'oublier.

Reconstruire une école de l'exigence et retrouver l'esprit des hussards noirs

Nos parents et nos grands-parents exigeaient que nous soyons irréprochables à l'école, dès le pas de la porte de la maison franchi. Pourquoi ? Parce qu'ils savaient la dureté de la vie et l'injustice que notre condition d'immigré nous imposait. Ils savaient que nous devions faire nos preuves plus que les autres. Ils savaient que lorsqu'on est différent ou d'ailleurs, on doit toujours faire plus et mieux que les autres. C'est une école de l'exigence qui a porté ses fruits tant les exemples de réussites académiques sont nombreux. Une exigence pour se prémunir contre les mauvais coups, réduire les potentiels reproches. On vous pardonne moins, on laisse moins passer aux basanés, aux frisés, aux métèques, aux pauvres. C'est une réalité qu'il ne faut pas sous-estimer. À tous les niveaux. Face à cela, ce n'est pas l'indigne victimisation qui fonctionne, c'est agir avec dignité et rigueur... Et une parfaite indifférence à l'endroit des mesquins ou des racistes.

Avancer toujours et encore, voilà l'objectif, car il est inutile de se leurrer, la vie des enfants issus de l'immigration se fera en France. Même pour ceux qui disent la haïr : ils n'auront jamais le courage de la quitter. Le rêve d'un retour au pays comme l'avaient les grands-pères s'est dissipé il y a déjà longtemps. De toute façon, le « pays » de naissance, c'est désormais la France. Alors, à quoi bon résister à l'assimilation ? À quoi bon se laisser embrigader par ceux qui aiment semer les graines de la division pour tirer profit de la communautarisation d'une partie de la population, en l'instrumentalisant ? L'avenir, c'est la France, il faut donc faire de ces enfants des Français de cœur et de raison. Parler français, connaître la culture, l'histoire, les coutumes sont des éléments qui indiquent à l'enfant, dès son départ dans la vie, que le chemin qu'il doit entamer sera français.

Je suis toujours attristée quand j'entends un professeur relativiser la laïcité, la liberté d'expression ou trouver des excuses à l'inexcusable. Ce fut le cas après l'assassinat par un terroriste islamiste de Samuel Paty, enseignant d'histoire-géographie de Conflans-Sainte-Honorine dont la seule faute fut de donner un cours sur la liberté d'expression, en s'appuyant sur les caricatures du prophète Mahomet publiées par *Charlie Hebdo*, suivant ainsi son programme. Qui mérite de mourir pour cela ? Qui mérite de mourir pour un cours ou pour un dessin ? Personne. Aucune excuse n'est recevable. Et pourtant, la barbarie de son égorgement n'a pas empêché que des centaines d'incidents aient lieu avec des élèves réfractaires lors de l'hommage dans les établissements... « C'est de sa faute », « il l'a cherché », « on touche pas au Prophète » : plus de 793 incidents ont été signalés. Ces « incidents » sont, pour beaucoup d'entre eux, le fait d'élèves qui refusent l'hommage rendu, pire, qui légitiment l'assassinat de l'enseignant. Quel effroi pour les enseignants qui ont dû faire face à ces élèves contestataires, agresseurs potentiels, s'ils osent s'aventurer sur cette partie du programme. Ces protestations et ces menaces sont une violence et une invitation à l'autocensure, un message tacite à l'endroit du corps enseignant qui indique qu'il n'y a plus de crainte de la part des élèves, plus de limite et qu'ils ne peuvent plus enseigner sereinement, mais doivent prendre en compte des susceptibilités, des spécificités intolérables.

Le rôle des parents est central. Parmi ces incidents, 23 % ont été recensés dans des écoles primaires, où évoluent des enfants âgés de 6 à 10 ans ! Des enfants qui ne font que répéter ce que disent les parents, les grands frères et les grandes sœurs, l'entourage. Ces enfants évoluent dans des microsociétés gangrénées par l'islamisme ainsi que le rejet de la France et de la République. Est-ce étonnant ? Pas vraiment, ce sont les mêmes qui justifiaient l'attentat de *Charlie Hebdo*, les tueries de Toulouse et de l'Hyper Cacher, qui justifient aujourd'hui la décapitation de Samuel Paty.

Une enquête de l'Ifop de janvier 2018 indique qu'un enseignant sur six constate régulièrement ou occasionnellement des atteintes à la laïcité ; on compte quelque 900 signalements, entre avril et juillet 2019, avec une augmentation de 37 % dans le primaire ! Par ailleurs, 45 % des lycéens musulmans interrogés récemment par deux sociologues « ne condamnent pas totalement les auteurs des attentats » de *Charlie Hebdo* et de l'Hyper Cacher, et 42 % d'entre eux ne se sont pas sentis concernés par la minute de silence demandée à la suite de ces attentats[1].

---

1. Anne Muxel, Olivier Galland (dir.), *La Tentation radicale*, PUF, 2018.

Ces « incidents », ces excuses trouvées aux terroristes, sont des coups de canif portés à notre Nation. Face à cela, certains trouveront que la solution se trouve dans toujours plus de radicalité, d'autres dans plus d'« ouverture » ou d'« inclusion ». Ces deux voies sont des impasses. Ces symptômes du délitement de notre cohésion nationale ne proviennent pas d'un trop-plein de Nation, de France, mais d'un « pas assez ». Je crois que pour éviter la xénophobie, le racisme, le communautarisme, le séparatisme et mettre en échec l'islamisme, il faut retrouver la fierté d'être français. La fierté de ce pays, ce qui fait sa singularité, son exception. La retrouver et la porter auprès des plus jeunes, leur enseigner avec enthousiasme, sans jamais douter, jamais s'excuser, jamais baisser les yeux. La colonisation ? Oui, ce n'était pas une belle page de notre histoire. Elle a existé, et si les pays colonisés avaient eu la possibilité de coloniser eux aussi, ils l'auraient fait. Le plus fort a gagné, c'est cela la guerre. L'esclavage, un crime contre l'humanité ? Oui, évidemment. La France a participé à la traite négrière, mais rappelons que les populations du Maghreb ont été des négociateurs et des maillons de cette chaîne de l'exploitation humaine... Le Vel'd'Hiv, les harkis, les Algériens jetés à la Seine le

17 octobre 1961 sur les ordres de Maurice Papon, préfet de police de Paris et ancien haut fonctionnaire de Vichy, la collaboration, tous ces événements ne sont pas des épisodes glorieux de notre histoire. Mais la Résistance, l'héroïsme de Jean Moulin et de Pierre Brossolette, Simone Veil, ancienne déportée devenue ministre emblématique, présidente du Parlement européen, nous offrent une vibrante émotion, de celles qui transcendent et emplissent de fierté. Celles qui font que l'on est fier d'être français.

Le remède aux maux de notre pays, face à ceux qui voudraient le dissoudre ou le morceler, c'est de développer le patriotisme chez les plus jeunes et dès le plus jeune âge. Développer l'amour de la Nation et rendre la fierté due à la France. C'est cela que nous devons transmettre aux plus jeunes. De manière urgente. Surtout dans les quartiers populaires, où la part d'enfants issus de l'immigration est très importante.

Pire que ces élèves qui perdent tout sens commun, toute compassion et humanité, il y a cette part d'enseignants, notamment dans l'établissement de Samuel Paty, et ailleurs, qui s'est désolidarisée du professeur, ou qui a remis en question cette partie du programme. On savait que les discours indigénistes avaient très largement infiltré le monde universitaire, on a découvert qu'il en était de même au sein de l'Éducation nationale. Quelle tristesse de voir une partie des héritiers des hussards noirs se perdre dans les théories fumeuses importées des États-Unis dans le but d'affaiblir la France et son modèle universaliste : la République laïque.

Nous devons retrouver l'esprit des hussards noirs de la République. Ces enseignants étaient un rouage central de la République et de la diffusion de son idéal, des personnes respectées, qui formaient les citoyens et permettaient l'assimilation de ceux venus d'ailleurs grâce à leur rigueur et à leur humanisme. Ils étaient les ambassadeurs de la République dans chaque école. Ils offraient à l'élève qui voulait les faire siens le savoir, l'histoire, la langue de cette nation, sans jamais exiger qu'il oublie le pays où ses aïeux avaient vécu, ses origines. Ils permettaient de prendre place dans cette nation en respectant ce que l'histoire avait fait d'elle. Devenir, grâce à ce ciment de l'instruction et des valeurs partagées, une part de cette nation et peut-être même un de ceux qui en feront sa fierté et son rayonnement dans le monde, par son talent.

L'enjeu de l'assimilation des jeunes générations, les plus sensibles aux discours séparatistes et radicaux, se gagnera à l'école.

C'est par l'école que nous parviendrons à éviter la désintégration. L'éducation est une priorité, une éducation de l'exigence, de la rigueur et de la discipline. C'est l'école qui pourra transmettre, faire aimer et admirer la langue et la culture françaises à tous les enfants de la République.

La dégradation de l'attachement aux lois de la République, aux lois temporelles, est inquiétante, car elle démontre une rupture tragique qui touche les jeunes de confession musulmane de notre pays. Une distanciation avec l'ensemble du corps social et un repli identitaire d'essence religieuse de plus en plus marqués. Ce constat d'échec est aussi celui de l'école de la République.

Face aux séparatismes, et notamment le séparatisme islamiste, l'école est la seule chance de passer de la « République une et indivisible » des intentions à une réalité concrète pour tous, sur tout le territoire. Et mettre ainsi enfin en échec l'islamisme, qui gangrène l'esprit des plus jeunes et distille la haine de la France. Pour Albert Camus, la France, « c'est la langue française ». Une amie, professeure en banlieue, m'expliquait qu'il lui était impossible d'enseigner *Le Petit Prince* de Saint-Exupéry à ses élèves de troisième. Un livre que ses nouveaux élèves d'un collège public du 7e arrondissement avaient tous déjà lu en primaire... Selon le collectif « Sauver les lettres », près de 800 heures de cours de français de l'école primaire au collège ont été supprimées en quarante ans. La dictée du ministère de l'Éducation nationale démontre d'ailleurs une dramatique baisse du niveau de langue qu'il n'est plus possible de nier : les élèves de CM2 faisaient deux fois plus de fautes d'orthographe en 2015 qu'en 1987. Des statistiques qui empirent depuis le confinement, des inégalités qui se creusent et qui feront, à terme, le nid des discours séparatistes.

On demande beaucoup à l'école : éduquer, instruire, contrôler, sécuriser... Il faut refaire une école de l'exigence avec moins d'intrusion d'éléments extérieurs. Moins de parents qui s'immiscent dans tout, même dans les programmes, pas de signes ostentatoires pour les enseignants (c'est la loi), les élèves (c'est la loi) et les parents (ça devrait être la loi !), moins de pressions sociales à travers les tenues.

L'uniforme, tenue de l'égalité et du savoir

L'obligation de l'uniforme de l'entrée à l'école à la terminale apporterait de l'apaisement dans les rapports entre les élèves et avec leurs professeurs, car la hiérarchie entre l'élève et le professeur serait davantage marquée. L'uniforme, c'est aussi un soulagement pour les parents qui culpabilisent de ne pas parvenir à faire face aux demandes pressantes d'enfants avides de marques. L'uniforme est le vêtement de l'égalité et du respect pour le savoir et pour son ambassadeur, l'enseignant. Il est un outil d'apaisement et un rituel quotidien d'entrée vers le chemin du savoir et de l'élévation intellectuelle.

L'uniforme oblige et invite à la rigueur, car on se sent fier et appartenant à une communauté de savoirs et de destin. Il participe à la sanctuarisation de l'école. Il est un élément du catéchisme républicain qu'il faut parvenir à promouvoir auprès des plus jeunes et de leur famille. C'est déjà un grand pas pour les élèves, notamment des quartiers populaires, où le travail d'assimilation des valeurs de la République sera le plus important et le plus difficile à mener. Non pas pour des raisons de capacités intellectuelles défaillantes, mais pour des raisons d'environnement familial, religieux, associatif qui les empêchent et les freinent dans leur progression vers la France. L'uniforme est aussi un outil de lutte contre l'islamisme qui embrigade et enferme dans un repli religieux les petites filles. Face à cela, l'uniforme peut être un outil de clarification concrète et d'affirmation pour l'école laïque. Avec l'uniforme, nous éviterons bien des polémiques (jupes longues, fichu sur les cheveux, etc.). Des provocations qui testent la force de notre loi. N'oublions jamais que pour les islamistes, la loi de 2004 est une cible à faire tomber ou, en attendant de pouvoir y parvenir, à contourner.

Interdire le voile dans l'espace public sans trembler

Le voile est une seule des têtes de l'hydre islamiste. L'une des voies pour clarifier les exigences liées à une assimilation républicaine est une exigence liée à l'égalité entre les hommes et les femmes et à la neutralité religieuse dans l'espace public, pour permettre de retrouver une paix et une cohésion nationale. L'interdiction du voile dans l'espace public est la démonstration de cet échec des politiques d'intégration et de lutte contre l'islam politique. Le voile des grands-mères était traditionnel, aujourd'hui c'est une provocation et une revendication politique. C'est sa multiplication, par l'activisme de l'islamisme politique, qui oblige à en exiger l'interdiction.

La multiplication du voile dans l'espace public chez les plus jeunes est la traduction d'un échec politique, régalien, social et éducatif. L'enfermement vestimentaire des petites filles, un crime contre l'enfance.

La conséquence de décennies de laisser-faire, de relativisme condescendant et de petits arrangements avec la laïcité. La République se traîne, elle réagit à contretemps.

Il est devenu urgent d'interdire le voile dans l'espace public pour réaffirmer nos valeurs et notre conception de la dignité humaine et de l'égalité homme-femme. De cette manière nous parviendrons à protéger les enfants qui sont entre les mains de parents intégristes. En plus de cette interdiction, il faudra bien sûr en interdire la commercialisation. La République se réaffirmerait avec ce type de décision, comme ce fut le cas avec la loi de 2004 interdisant le voile à l'école et celle de 2010 sur la burqa. La symbolique d'une telle loi serait forte. Mais il ne faudra jamais oublier qu'elle sera aussi l'illustration de l'impasse de l'intégration et de son incapacité à faire adhérer aux valeurs de la République.

La France et notre République doivent être une force tranquille. Les interdits sont indispensables aujourd'hui tant nous nous rapprochons d'une situation de non-retour. Je ne peux m'empêcher de penser que tout cela aurait pu être évité. Peut-être est-il déjà trop tard. Peut-être. Mais avons-nous vraiment le luxe de nous permettre d'être pessimistes et de renoncer au combat ?

L'islamisme a presque réussi sa reconquête des jeunes musulmans d'Occident, la multiplication des voiles le prouve, les enquêtes le démontrent.

Un microcosme islamiste, souvent convivial et solidaire, se met en place pour baliser le parcours de vie de chaque enfant musulman.

Les jouets, les friandises, les sports, les vidéos, tout doit se faire en « halal » et tout existe en halal. Même Barbie est voilée et se nomme Chifa ! Je suis pessimiste quant à un possible avenir en commun. L'intégration est un échec patent pour les enfants de l'école républicaine... Qu'en sera-t-il pour ceux des écoles coraniques ? L'embrigadement de la jeunesse musulmane est une bombe à retardement qu'il convient de désamorcer très rapidement. Ce combat est celui de toutes et de tous. Il est celui de la civilisation contre la barbarie, de la justice contre l'ignominie, de l'humanité contre l'obscurantisme. Il est celui de notre dignité et de notre honneur aussi. La multiplication des conversions et des radicalisations doit rappeler à tous ceux qui se pensent épargnés que ce fléau peut atteindre toutes les familles. Les parents qui voilent leurs enfants doivent faire l'objet d'un suivi des services sociaux, et si cette radicalisation se poursuit, il faudra envisager un placement, notamment la semaine, au sein d'internats. Des internats où les enfants, qu'importe leur niveau scolaire, seront extraits de leur environnement, pour leur permettre de s'instruire et de se construire comme citoyen, loin des influences néfastes de leur famille radicalisée. Ces mesures doivent aussi toucher les élèves qui sont exclus pour des motifs de menace, de refus de rendre hommage à une victime du terrorisme ou d'apologie du terrorisme comme ceux qui ont contesté l'hommage à Samuel Paty, *Charlie*, ou l'Hyper Cacher. Les exclure est certes une façon de « marquer le coup » et de faire respecter le règlement. Ce n'est malheureusement pas suffisant car cela les replonge dans le microcosme dont ils sont le fruit et ne règle rien au problème. Ils ont un manque de respect, d'adhésion et de compréhension de la République, ce n'est pas en les mettant en dehors (encore plus dans le milieu qui a construit leur contestation) que nous allons en faire des patriotes. Je crois que ces élèves doivent être accompagnés, éloignés de leur milieu pour voir autre chose et comprendre que la République est une chance et un privilège.

Transcendance républicaine

Le rêve français de mon enfance ne fait plus rêver les enfants de l'immigration. Pourtant, en dépit des difficultés, des injustices, moi, j'y crois toujours. Et, d'une certaine manière, je le vis. Il est le fruit de beaucoup de travail, de sacrifices, d'insomnies, mais il est là. Quand je revois les photos de mes premières années en Kabylie, je me surprends à me demander comment nous pouvions vivre dans ces conditions. Avec si peu. Ni eau courante, ni électricité performante, une pièce, en tout et pour tout. C'est un monde qui semble être si lointain, presque fantasmé, d'un autre siècle. Ceux à qui j'ai pu montrer une ou deux photos de cette enfance ont eu du mal à me croire. Et pourtant. C'était bien moi, là, pieds nus, dans cette maison de vingt mètres carrés aux murs défraîchis, à la porte métallique qui laisse passer le vent glacial des hivers enneigés de Kabylie, le toit de tuiles rouges de ma très chère Gida Aïni... comme j'aime cette maison.

Oui, c'était bien nous, et nous étions heureux, libres, la tête pleine de rêves. Des rêves que nous imaginions réaliser en France, notre pays des possibles.

Comment faire renaître ce rêve français dans tous les esprits ? Comment rendre à nouveau la République crédible aux yeux de ceux qui n'y croient plus et faire adhérer cette partie de la jeunesse, issue de l'immigration ou de quartiers populaires, qui s'en détourne ? La société a besoin de transcendance. Même dans un État laïc. C'est ce qui nous manque pour toucher les jeunes et les aider à adhérer pleinement. Nous avons tous besoin de héros mythiques. Nos héros peuvent être Voltaire, Louise Michel, Lucie Aubrac, le résistant oublié l'imam Abdelkader Mesli (il a sauvé des juifs en délivrant de faux certificats de religion musulmane), Jean Moulin, Léopold Sédar Senghor, Gisèle Halimi, Gaston Monnerville... Bien sûr, à l'époque de la *cancel culture*, les nouveaux petits pères de la censure trouveront toujours quelque chose à redire sur une partie de la vie de ces monuments de l'histoire de France. Eux qui n'ont rien fait, jugent et déboulonnent ceux qui ont tant fait et participent ainsi à détricoter nos liens, ce qui nous permet de faire nation.

Il faut que la République se dote de héros, de mythes qui nous transcendent. Des héros auxquels nous pouvons nous identifier et dont nous essaierons de nous inspirer. Les enfants ont besoin de s'identifier, de rêver et de croire. La République et ses valeurs sont devenues, pour beaucoup, une somme de concepts intellectuels, froids et arides, sans réalité incarnée et concrète.

Marianne est une figure symbolique trop peu comprise. C'est une allégorie éloignée de la vie de nos jeunes. La vie publique française manque de représentants charismatiques, jeunes, issus, réellement, de quartiers défavorisés. Des figures qui permettent une identification porteuse d'espoir et d'ambition pour leur avenir. Une identification qui par l'exemple peut permettre de pacifier ; « oui, c'est possible », « accroche-toi, non, ce n'est pas un pays raciste, il y en a d'autres qui y sont arrivés, regarde... » Nous aurons d'autant plus besoin de ces *role models* que la crise post-Covid va accentuer les revendications identitaires, les expressions xénophobes et les velléités séparatistes.

La République et ses valeurs sont intangibles et intemporelles. En revanche, ses incarnations doivent évoluer avec la société, ses aspirations, ses besoins et ses rêves. Pour reprendre une dichotomie célèbre, l'être c'est la République et l'étant, c'est la conscience de sa citoyenneté au sein de celle-ci à travers une activité de représentation[1]. La recherche d'une transcendance républicaine est en fait un retour au mythe au sens de Roland Barthes en 1956 : « Le mythe est une parole [...], un système de communication, c'est un message. » En effet, c'est bien cela que nous recherchons aujourd'hui, un outil au service d'une idée, la République, d'une ambition, la France.

1. Emmanuel Levinas, *Autrement qu'être ou au-delà de l'essence* [M. Nijhoff, 1974], Le Livre de poche, 1990.

Conclusion

Un début de reprise en main est entrepris depuis quelques mois. Il y a des fermetures d'associations, de mosquées salafistes et d'écoles coraniques. Les lieux où se diffuse la haine de la France sont ciblés par ces opérations de lutte contre le séparatisme. J'ai appelé de mes vœux depuis des années la mise en place de celles-ci, j'ai appelé à un conclave des imams pour promouvoir un islam débarrassé de ses parties violentes et qui affirme son attachement et la supériorité des lois temporelles, celles de la République, sur celles de Dieu. Je l'ai fait dans mes ouvrages, lors de mes prises de parole, en m'exposant aux menaces et aux caricatures des maestros du déni. Je suis heureuse que ces actions soient menées et j'espère qu'elles porteront leurs fruits. Elles sont nécessaires pour lutter contre l'islamisme et renvoient l'image d'une République qui tient encore debout et se redresse pour combattre.

Mais elles ne seront pas suffisantes, et nous serons toujours à contre-courant, tant le mal du séparatisme est profondément ancré, notamment chez les plus jeunes. Les adultes de demain croient en la charia plus qu'en la République. La tragédie est déjà là. Elle est installée dans les esprits et dans les cœurs. La crise économique et sociale qui suivra la crise sanitaire ne sera pas de nature à réduire ce sentiment. Les conditions économiques ne font pas le citoyen et le patriote. La crise ne devra pas être une excuse pour expliquer le repli communautaire.

La reprise en main doit se faire par un reboot de notre logiciel d'intégration. Avec lucidité, nous devons faire le constat qu'il est usé et inefficient. Nous ne parvenons plus à intégrer. Nous ne parvenons pas à faire des Français de cœur des personnes qui viennent en France, et, pire encore, des personnes nées en France. Certains deviennent même des ennemis mortels qui retournent les armes contre nous.

La société de l'intégration, de l'inclusion, nous a menés à une société de dislocation et de violence exacerbée. L'abandon de l'assimilation nous a menés dans le mur du communautarisme. Or c'est bien cela qu'il faut reprendre. Cette exigence qu'est l'assimilation est présente depuis deux siècles dans notre Code civil. Il faut être assimilé pour être français, c'est la garantie de réussir à vivre pleinement en France, sans heurts. Connaître ses héros, son histoire, ses us et coutumes, parler sa langue, vivre à la française : n'est-ce pas ce que l'on pourrait appeler un « service minimum » ? Mais même ce minimum, certains le refusent. Face au refus d'intégration, il faut exiger l'assimilation. De cette exigence d'assimilation, couplée à une gestion maîtrisée de l'immigration en fonction des besoins de la France, dépend la survie de notre Nation, telle que nous la connaissons encore.

Le défi est immense, et c'est pour cela que nous parviendrons à le relever. Je crois que la France ne sait faire face qu'aux grands défis. La symbolique républicaine doit développer une narration empreinte d'une part de sacré. Elle marquera et comblera ainsi le besoin des hommes de croire. Elle pourra contrecarrer l'expansion de ce sacré radicalisé qui se développe pour détruire notre pays. Plus la République portera une part de mythe et de rêve, plus elle fera venir à elle tous ses enfants égarés. Plus la République démontrera qu'elle n'est pas qu'une énumération de valeurs, devenues conceptuelles, plus elle sera forte et fera reculer ses ennemis. La République a, plus que jamais, besoin d'incarnations.

De cette manière, seulement, nous parviendrons à faire des citoyens et des patriotes, fiers de dire « Vive la France », sans se préoccuper et sans que l'on se préoccupe de leurs origines.

Dire « Vive la France » sans que l'on pense que cela soit réservé aux fachos, aux réacs... alors nous aurons enfin progressé.

L'assimilation est le seul chemin qui nous mènera à l'unité et mettra en échec le séparatisme islamiste. Sans assimilation, nous évoluerons inéluctablement vers une « libanisation » de notre pays et nous nous perdrons. En aimant notre France, nous parviendrons à relever le défi de la décennie qui s'ouvre : « refaire des Français de Français », quelles que soient leurs origines, pour que l'unité de la République demeure un pilier de notre pays.

Remerciements

Je remercie pour sa confiance mon éditrice, pétillante et intransigeante, Muriel Beyer, ainsi que Séverine Courtaud, pour sa bienveillance et son efficacité,

Mon mari, solide et présent,

Mon amie Carole, toujours à l'écoute,

Ma professeure, madame Lefebvre, du lycée Baudelaire de Roubaix, qui a su briser les déterminismes et éveiller ma conscience citoyenne. Merci chère madame Lefebvre, c'est aussi grâce à vous que je suis une femme libre et engagée. Éternelle reconnaissance.

Table des matières